AF452916

HISTOIRE

DES

CAMPAGNES

DU ROY.

DEDIÉE

A

SA MAJESTÉ.

A PARIS,

Chez { *L'Auteur, rüe St Honoré, au coin de la rüe des Boucheries, au Cocq d'Or.*
{ *Le Sr Vanheck, rüe d'Enfer, près St Landry, dans la Cité.*

M.DCC.LI.

OBDUCTA QUÆVIS FUGAT SOL GALLICUS NUBILA.

LES
CAMPAGNES
DE
LOUIS XV.
LE BIENAIMÉ.

REPRÉSENTÉES
Par des Figures allégoriques,
AVEC
Une explication historique.

AU ROY.

SIRE,

La bonté avec laquelle Votre Majesté a daigné
recevoir les premiers hommages de mes foibles talens, me
fait espérer qu'Elle voudra bien agréer avec la même
indulgence, l'ouvrage que je prens la liberté de lui offrir
aujourd'hui en entier. Il contient l'Histoire, par Médaillons,
des Campagnes de Votre Majesté. Je n'ai osé, SIRE,
tracer vos loüanges avec la plume: mon attachement pour
Votre personne Sacrée auroit pû les rendre suspectes.
Je n'ai fait que representer par des Allégories,
expliquées historiquement, les grandes actions
de Votre Majesté. C'est la loüier assés, que
de peindre fidelement ses hauts faits.
Trop heureux si Votre Majesté, SIRE,
daigne faire moins d'attention à la foiblesse de
mon pinceau, qu'au zéle qui me l'a mis à la main.

Je suis avec le plus profond respect,

SIRE,
De Votre Majesté,

Le très humble
très fidele
très obéissant
Serviteur et sujet,
A. Crosniond
de Vernon.

LE PORTRAIT ET LE CARACTÉRE DU ROY.

LE Roy est représenté en Buste, dans ce Médaillon, couronné de Laurier, portant sur sa cuirasse l'Egide de Minerve, image de sa Sagesse et de sa magnanimité. On voit dans le champ du Médaillon, la Foudre et une branche d'Olivier qui y sont gravées. L'Olivier précede le Roy, et désigne que ce Grand Prince n'a pour objet que la Paix. La Foudre, qui ne paroît marcher qu'après Sa Majesté, caractérise les sentimens de ce Monarque, qui ne veut employer sa puissance redoutable que contre les ennemis de la Paix, dont il présente le Simbole devant lui. On lit cette inscription : LUDOVICUS XV. FULMINE VINDEX, OLEÂ PACIFICATOR, VULTU PATER CONSPICITUR. C'est-à-dire que la Foudre désigne que LOUIS est le vengeur des traités, la branche d'Olivier, son amour pour la Paix, et la douceur de ses traits, la tendresse qu'il a pour son peuple.

Le Revers représente le Caractere du Roy. Sa Majesté y est désignée sous l'Embleme du Soleil, Père de la Nature, comme cet Auguste Prince est le Père de tous ses Sujets. Il tient d'une main le Gouvernail de son Empire, et de l'autre une branche d'Olivier, qui fait voir que la Paix est le seul but de tous ses projets. A sa droite et à côté du Trône est la Justice, qui tient d'une main la Balance, et de l'autre embrasse l'Innocence, qui, sous la figure d'une jeune fille, vient se réfugier dans son sein, où elle est sûre de trouver un azile sous le plus juste des Rois. De l'autre côté on voit la Sagesse, qui regarde avec amour un Roy dirigé par ses conseils. Elle lui montre les attributs des Sciences et des Beaux-Arts, comme des objets utiles à la Gloire de son Regne et dignes de toutes ses attentions. Sur le devant est la Terre, sous la figure de Cibéle, qui, dans l'admiration de voir un Prince qui prend tous ses conseils de la Justice et de la Sagesse, lui présente son Sceptre et sa Couronne, le jugeant digne de régner sur tous les hommes. Dans le fond du Médaillon on remarque le Signe du Verseau, qui est celui sous lequel le Ciel, pour combler tous nos vœux, nous a donné un Roy digne de tout nôtre amour. On lit cette Légende : QUOS FELICES VULT DEUS, HIS TALEM PRÆFICIT. C'est-à-dire : Tel est le Roy que Dieu donne au peuple qu'il veut rendre heureux.

Le Roy déclarant la guerre a l'Angleterre et a la Reine de Hongrie.

Le Roy, après la mort de l'Empereur Charles VI, n'ayant pris de part dans la Guerre qui s'alluma pour la Succession de la Maison d'Autriche, que pour soûtenir les Droits de l'Electeur de Bavière, et pour engager les Puissances belligérantes à convenir d'une Paix solide qui assurât la Liberté du Corps Germanique et la tranquillité de l'Europe, se vit obligé, en 1744, de déclarer la Guerre au Roy d'Angleterre, le 15. de Mars, et à la Reine de Hongrie, le 26. d'Avril suivant.

Voila le sujet du Médaillon. On voit la Paix, qui se réfugie dans les bras de Jupiter, poursuivie par la Discorde et par l'Envie. Jupiter, s'arme de la Foudre, pour vanger la Paix et la rétablir dans ses droits. Cette image caractérise la justice des motifs qui ont engagé le Roy à prendre les armes, pour assûrer la tranquillité de ses Peuples et de ses Alliés, et celle même de ses ennemis. C'est ce qu'on y a exprimé par cette Légende AMORE PACIS ARMA PARAT. C'est-à-dire : L'amour de la Paix lui met les Armes à la main. On lit à l'Exergue : An. M.DCCXLIV. Mart. XV. et Apr. XXVI.

LE ROY DONNANT AUDIENCE, DANS SON CAMP, AU COMTE DE VASSENAER, AMBASSADEUR EXTRAORDINAIRE DE LA RÉPUBLIQUE DE HOLLANDE.

LE ROY partit le 3. de May, pour se rendre à son Armée de Flandre. Le 16. Il donna audience, dans son Camp, au Comte de Vassenaer, Ambassadeur extraordinaire des Etats-Généraux. Tout l'objet de cette Ambassade étoit de suspendre les opérations du Roy. Sa Majesté, qui en comprit les motifs, répondit: Qu'ELLE avoit fait connoître assés longtems son inclination pour la Paix, mais que plus ELLE avoit différé la Guerre, moins ELLE en alloit suspendre les effets.

Voilà le sujet du Médaillon. Le Roy, sous la figure de Mars, est représenté assis dans sa Tente, tenant d'une main une branche d'Olivier et de l'autre l'Epée nue. Ce qui caractérise exactement la situation où Sa Majesté se trouvoit, qui étoit ou de faire accepter la Paix, ou de faire sentir le poids de ses Armes à ceux qui vouloient troubler le repos de l'Europe. Hercule et Minerve, à côté du Roy, caractérisent ce qu'on vient d'expliquer: Hercule désignant sa puissance et Minerve sa Sagesse. Mercure, le Dieu de l'Eloquence et du Commerce, représente l'Ambassadeur de Hollande, qui tâche de suspendre le juste ressentiment du Roy, mais la Sagesse éclairée de Sa Majesté, sur les vrais interets de l'Europe, éloigne d'Elle toutes les indécisions qu'on lui propose. C'est l'objet de la Légende: AUT PAX AUT BELLUM. C'est-à-dire: Ou la Paix, ou la Guerre. A l'Exergue: An. M.DCCXLIV. Mai. XVI.

MARCHE DU MARÉCHAL COMTE DE SAXE
AVEC L'ARMÉE D'OBSERVATION,
ET LA RÉDUCTION DE LA VILLE DE COURTRAY.

LE ROY ayant expliqué ses intentions à l'Ambassadeur des Etats-Généraux, *Sa Majesté* fit marcher en consequence son Armée d'observation, commandée par le Maréchal Comte de Saxe, laquelle se mit en mouvement le 17. de May. Le 18. elle s'avança jusqu'à la Ville de Courtray, dont les Magistrats vinrent présenter les Clefs à ce General, qui y établit son Quartier.

Voila le sujet du Médaillon. Il représente le Maréchal Comte de Saxe, sous la forme d'Hercule appuyé sur sa Massuë, donnant la main à la Ville de Courtray, qui, sous la Figure d'une femme couronnée de Tours, lui présente ses Clefs et se soûmet à l'obéïssance du Roy. A la suite d'Hercule, on voit marcher fierement une troupe de Guerriers, sous l'Etendard de la France. Cet Etendard, à la façon des Enseignes Romaines, est surmonté d'un Coq battant des Ailes, simbole des François. On lit cette Legende: TRIUMPHANS ALIOS MOLITUR TRIUMPHOS. C'est-à-dire: Vainqueur il Vôle à de nouveaux lauriers. A l'Exergue: An. M.DCCXLIV. Mai. XVIII.

LA RÉDUCTION DES VILLES DE MENIN ET D'IPRES, ASSIÉGÉES PAR LE ROY.

LE ROY, dans le même tems, ayant fait marcher son Armée, sous les ordres du Maréchal Duc de Noailles, chargé du commandem.t des Siéges, elle investit la Ville de Menin; le 18. de May. Le Roy voulut être présent à l'ouverture de la tranchée, qui fut faite le 28. L'intrépidité de ce Monarque, qui poussa jusqu'aux Grenadiers qui couvroient les travailleurs, fit trembler toute sa Cour. Le 30. ce Prince alla à la tranchée et s'avança jusqu'à l'Ouvrage-à-Corne. La vivacité de ses attaques obligea cette Place à se rendre le 4. de Juin, après 7. Jours de tranchée ouverte.

La Ville d'Ipres fut investie, le 6. du même mois, par l'Armée du Roy. Ce Grand Prince montra la même intrépidité dans ce Siége, et après 8. Jours de tranchée ouverte, il réduisit cette Place, le 25. de Juin, à la nécessité de se soûmetre.

Voila le sujet du Médaillon. Le Roy y est représenté au milieu de son Camp, à l'Ombre d'un Palmier, debout et appuyé sur ses Armes. Les Villes de Menin et d'Ipres, prosternées, lui présentent leurs Clefs. La Victoire attache, au Palmier, les Ecussons de ces Villes conquises par Sa Majesté. On lit cette Légende: DOMAT MAVORS, PARCIT PIETAS. C'est-à-dire: Sa Valeur le fait vaincre et sa bonté pardonner. A l'Exergue: An. M DCCXLIV. Jun. IV. et XXV.

LE ROY RÉPANDANT SES LIBERALITÉS ET VISITANT L'HÔPITAL DE BOËSINGUE.

Le Roy ayant répandu ses Libéralités sur les Officiers et les Soldats qui s'étoient distingués aux Siéges de Menin et d'Ipres, ce Grand Prince voulut visiter l'Hôpital de Boësingue, pour voir si les blessés et les malades y étoient bien traités. Il trouva en effet, et de leur aveu-même, qu'on en avoit beaucoup de soin, mais l'extreme bonté de *Sa Majesté* ne s'en tint pas-là, Elle renouvella ses Ordres, afin que rien ne leur manquât.

C'est cet Acte d'humanité qui fait le sujet du Medaillon. Il représente le Roy visitant ses Soldats blessés et malades. Ce Prince est accompagné d'Esculape, à qui il les recommande. Ces Soldats, par leurs attitudes, marquent combien ils sont pénétrés des bontés de leur Roy. Dans le fond, on voit la liberalité Royale, qui répand les bienfaits de *Sa Majesté*, sur ses fidelles et généreux Guerriers. On lit cette Legende: REX MILES MILITUM FOVET VULNERA. C'est-à-dire: Les blessures de ses Soldats sont les Siennes. A l'Evêque. An. M.DCCXLIV. Jum. XXVII.

LA RÉDUCTION DU FORT DE LA QUENOKE

ET DE LA VILLE DE FURNES.

Le Roy fit assiéger le Fort de la Quenoke, le 26. de Juin, par le Duc de Boufflers; l'ouverture de la tranchée se fit le 28, et le 29. ce Fort se rendit. S. A. S. Monseigneur le Comte de Clermont, investit la Ville de Furnes, le 29. de Juin: la tranchée fut ouverte devant cette Place, le 7. de Juillet, et elle se soûmit le 10. à Sa Majesté. Ainsi, par la valeur et la conduite de S. A. S., cette Ville ne soûtint que trois Jours de Siége.

Voila le Sujet du Médaillon. Le Roy y est représenté dans sa Tente. Un Guerrier, apuyé sur son Bouclier, présente au Roy la Ville de Furnes, prosternée, qui remet ses Clefs à Sa Majesté. on lit cette Légende: COGNATA DEXTRA REGI PALMAM COLLIGIT: C'est-à-dire: Un Prince de son Sang lui cueille de nouveaux Lauriers. A l'Exergue: An. MDCCXLIV. Jul. X.

LE ROY PARTANT POUR L'ALSACE, ET REMETANT LE COMMANDEMENT DE L'ARMÉE DE FLANDRE, AU MARÉCHAL COMTE DE SAXE.

Le Roy apprenant le passage du Prince Charles de Lorraine, en Alsace, voulut aller lui même arrêter son audace et vanger ses Sujets. Il partit le 19. de Juillet, et laissa le Commandement de son Armée de Flandre, au Maréchal Comte de Saxe. (Ce grand Capitaine, qui, avec des Troupes inférieures, a conservé toutes les Conquêtes de Sa Majesté, fait contribuer les Païs ennemis, couvert nos Frontieres, et qui a fait plusieurs fois refuser la Bataille aux Alliés, a si bien répondu à la confiance du Roy, qu'il seroit inutile de faire ici son Eloge, puisque sa fermeté et la Sagesse de sa conduite l'ont suffisamment fait dans une si belle Campagne.)

Le départ du Roy fait le sujet du Médaillon. Ce Prince, suivi et couronné par la Victoire, tient d'une main l'Epée levée et de l'autre il montre à Hercule, qui caracterise le Maréchal Comte de Saxe, un Léopard et un Lion animés par la Discorde, qu'il lui laisse à dompter. Le Léopard, désigne les Anglois et le Lion, les secours que la Hollande leur donnoit. Du côté du Roy, on voit, dans l'éloignement, le Rhin épouvanté d'un Monstre qui traverse ses flots, et qui menaçant la France, excite la valeur de Sa Majesté pour l'aller combattre. On lit cette Legende: PRO SUBDITIS NON TIMIDUS MORI. C'est-à-dire: Il ne craint point d'exposer la vie pour ses peuples: A l'Exergue: An. M.DCCXLIV. Jul. XIX.

LA CONVALESCENCE DU ROY.

LE ROY arriva le 4. d'Aoust à Metz, où étoit le rendés-vous des troupes qu'il conduisoit au secours de l'Alsace, et lorsqu'il se préparoit d'aller joindre son Armée sur le Rhin, Il fut attaqué d'une violente maladie, dont les progrés furent craindre pour ses jours, que l'on crût en danger. Ce Grand Prince fit-voir, dans cet état terrible, toute la grandeur et la fermeté de son ame. Sa Piété et les pleurs de tous ses sujets touchèrent la miséricorde Divine, qui rendit à la France un Monarque, l'unique objet de son amour et celui de toutes ses espérances.

Voila le sujet du Médaillon. On voit la France au pied d'un Autel, où elle a déposé son Sceptre et sa Couronne. Elle leve les bras au Ciel pour recevoir son Roy des mains de la Santé. La Religion paroît au dessus, qui montre le Saint Nom de Dieu, pour faire voir que c'est à lui seul à qui l'on a dû les jours de ce Prince. Dans le fond, on remarque l'Ange du Seigneur, qui précipite la Mort dans les Abîmes. Au bas de l'Autel sont deux petits enfans prosternés, qui caractérisent l'Innocence et la sincerité des Vœux de toute la Nation pour le Roy. On lit cette Légende : DIRÆ MORTI EREPTO, VOTIS OMNIUM REDDITO. C'est-à-dire : Arraché des bras de la Mort et rendu aux vœux de ses sujets. Autour du Portrait est cette Inscription : LUD. XV. QUO SOSPITE CUNCTI FELICES. C'est-à-dire : Il vit : vous serés heureux. A l'Exergue : An. M.DCCXLIV. Aug. XV. Jour à jamais mémorable pour la France, puisque c'est dans ce jour fortuné pour elle, que Dieu lui a rendu son Monarque Bien-aimé.

LA RÉDUCTION DE LA VILLE DE FRIBOURG, CAPITALE DU BRISGAW, ASSIÉGÉE PAR LE ROY.

LE ROY, malade à Metz, ne pouvant se rendre à son Armée en Alsace, aussitôt que les Troupes que Sa Majesté avoit amenées de Flandre eurent joint le Maréchal de Coigny, le Prince Charles de Lorraine repassa précipitamment le Rhin, la nuit du 23. au 24. d'Aoust. Ce Général suivit l'ennemi au de-là de ce Fleuve, et investit, par l'ordre de Sa Majesté, la Ville de Fribourg, Capitale du Brisgaw, le 19. de Septembre. On ouvrit la tranchée devant cette Place, le 30. du même Mois. Le Roy, à peine convalescent, pour assûrer la tranquillité de ses frontieres, se rendit au Camp devant Fribourg, et cette Ville formidable se soûmit à Sa Majesté, le 5. de Novembre, après 37. jours de tranchée ouverte.

Voila le sujet du Médaillon. Le Roy y est représenté assis dans sa Tente, apuyé sur ses Armes et couronné de Laurier. On voit devant ce Prince un Guerrier, qui désigne le Maréchal de Coigny, lequel lui présente la Ville de Fribourg, qui, prosternée au pied du Trône, remet ses Clefs au Roy. On lit cette Legende: HOSTE FUGATO, FRIBURGUM EXPUGNAT. C'est-à-dire: Les ennemis mis en fuite, (au de-là du Rhin,) le Roy prend Fribourg. A l'Exergue: An. MDCCXLIV. Nov. V.

LES HEUREUX SUCCÉS DES TROUPES FRANÇOISES ET ESPAGNOLES, EN ITALIE, DANS LA CAMPAGNE DE L'ANNÉE M.DCCXLIV.

Pendant que ces choses se passoient en Flandres et en Allemagne, les Troupes du Roy, commandées par S.A.S. Monseigneur le Prince de Conty, combinées avec celles de S.A.R. l'Infant Don Philippe, après avoir passé le Var, au commencement d'Avril, forcerent, par des efforts incroyables de valeur, les retranchemens redoutables des Piémontois, près de Ville=Franche et du Fort de Montalban, et s'emparerent de tout le Comté de Nice. Mais, après cette glorieuse expédition, les Princes se virent obligés, par ménagement pour la République de Gènes, de tenter, au mois de Juillet, le passage des Alpes, par la Vallée de Stoure &c. Entre=prise plus difficile et plus dangereuse que celle qu'on venoit d'éxécuter si heureusement. Cependant, malgré l'avantage des lieux, les troupes combinées emporterent, l'Epée à la main, les retranchemens inexpugnables des ennemis et le Fort Dauphin, prirent Démont, firent le Siege de Coni, et battirent le 30. de Septem.bre le Roy de Sardaigne, qui étoit venu au secours de cette importante Place, avec une Armée très supérieure à celle des Princes. Les opérations finirent là, par l'impossibilité de continuer la Guerre dans un pais qui devenoit impraticable par les Néges. Cette Campagne à couté plus de 15000. hommes au Roy de Sardaigne, et on ne peut rien a=jouter à la gloire qu'elle a acquise à S.A.R. l'Infant Don Philippe et à S.A.S. Monseigneur le Prince de Conty.

Ce sont tous ces évenemens qui font le Sujet du Médaillon. On voit l'Infant Don Philippe appuyé sur ses Armes, et le Prince de Conty sous la forme du Jeune Hercule, à qui l'Infant donne la main. Entre ces Princes est un Trophée d'Armes, simbole de ce qu'ils ont fait de glorieux dans cette Campagne. Au dessus est la Victoire, qui couronne l'Infant et qui présente une Palme au Prince de Conty. On lit cette Legende: REGALI FRANCORUM STIRPI COMES VICTORIA. C'est à dire: La Victoire est la Compagne fidele de la Royale maison de France. A l'Exergue. An. M.DCC.XLIV.

LE DÉPART DU ROY, AVEC MONSEIGNEUR LE DAUPHIN,
POUR SE RENDRE A SON ARMÉE
DEVANT TOURNAY.

Le Maréchal Comte de Saxe ayant ouvert la Campagne en Flandres, par le siége de la Ville de Tournay, devant laquelle la tranchée fut ouverte, la nuit du 30. Avril au premier de May; les Alliés s'assemblerent aussitôt, pour marcher au secours de cette Place importante.

Le Roy, informé des dispositions de ses ennemis, partit le 6. de May, accompagné de Monseigneur le Dauphin (*) *, pour aller se mettre à la tête de son Armée.*

Voila le sujet du Médaillon. On y voit le Roy, qui l'Epée nuë d'une main, marque par cette action qu'il va combatre ses ennemis, et de l'autre il montre à Monseigneur le Dauphin, qui marche sur ses traces, le Temple de la Gloire ou il le conduit. Autour de ce jeune Prince, on remarque l'Amour et l'Hymen, qui font tous leurs efforts pour le retenir; mais il part, n'étant occupé que des glorieux objets que son Auguste-Pere lui présente. On lit cette Légende: TALI TIROCINIO ALEXANDER USUS. C'est-à-dire: C'est ainsi qu'Alexandre se formoit sous Philippe. A l'Exergue: An. M.DCCXLV. Mai VI.

* *Ce Prince a commencé ses premieres armes sous le Roy et s'est trouvé à la bataille de Fontenoy, au même que (à 16 ans) où Alexandre le Grand fit sa premiere campagne et se trouva avec Philippe son Pere, Roy de Macedoine, à la bataille de Chéronée, bourg de la Béotie, où les Atheniens furent défaits.*

LA BATAILLE DE FONTENOY, GAGNÉE PAR LE ROY, SUR L'ARMÉE DES ALLIÉS, COMMANDÉE PAR S.A.R. LE DUC DE CUMBERLAND.

Le Roy, qui étoit parti le 6. de May, arriva le 9. à son Armée devant Tournay. Le même jour Sa Majesté fit passer l'Escaut à ses troupes, et alla Elle-même au devant du Duc de Cumberland, qui venoit pour l'attaquer. La Bataille se donna le 11. et comença à cinq heures du matin. La victoire que le Roy remporta fut d'autant plus glorieuse, que les ennemis avoient pris toutes leurs précautions pour la gagner; tant par la supériorité du nombre, que par leurs dispositions. En effet, elle fut longtems disputée et indécise. On ne sçauroit exprimer la fermeté, et la conduite de Sa Majesté dans une occasion aussi périlleuse, ni le courage que Monseigneur le Dauphin y fit paroître. Les ennemis ne purent résister à la valeur de nos troupes. Ils furent défaits par tout, et laissèrent sur le Champ de Bataille, plus de 8000. hommes, morts ou blessés.

Voilà le Sujet du Médaillon. Le Roy, y est représenté à Cheval, tenant l'Epée nüe et couvert de l'Egide de Minerve. Il renverse l'Envie et la Discorde. Monseigneur le Dauphin suit le Roy avec une ardeur martiale. On remarque à la suite une troupe de Guerriers, sous l'Etendard de la France, dont l'audace et la valeur sont animées par l'exemple de Sa Majesté. La Victoire vôle au devant du Roy et le couronne des lauriers, qu'il vient de moissonner dans cette importante journée. Le lointain représente les ennemis fuïant et gagnant les Bois qui couvrirent leur retraite et les empêchent d'être totalement défaits. On lit cette Legende: SUPERIORES VIRIBUS LODOIX VIRTUTE SUPERAT. *C'est-à-dire* LOUIS, par sa Valeur, a surmonté les ennemis superieurs en nombre. *A l'Exergue:* An. MDCCXLV. Mai XI.

LA RÉDUCTION DE LA VILLE DE TOURNAY
ET DE SA CITADELLE,
ASSIEGÉES PAR LE ROY.

LE ROY, après la victoire complete remportée à Fontenoy, continüa le Siége de la Ville de Tournay, qui se rendit le 24. de May, après 23. jours de tranchée ouverte. La Garnison qui s'étoit retirée dans la Citadelle, fût obligée de Capituler et de la remetre à Sa Majesté le 19. de Juin.

Voila le Sujet du Médaillon. Le Roy y est représenté au milieu de son Camp, ayant à côté de lui Monseigneur le Dauphin, qui est apuyé sur ses Armes. La Ville de Tournay, prosternée, présente ses Clefs à Sa Majesté. On lit cette Legende: VICERAT IN CAMPO, VINCIT SUB MŒNIBUS. C'est-à-dire: Après avoir vaincu l'ennemi dans les plaines de Fontenoy, il le force encore dans ses murailles. A l'Exergue: An. M.DCC.XLV. Mai XXIV. et Jun. XIX.

LES COURS SUPÉRIEURES COMPLIMENTANT LE ROY, EN FLANDRE, SUR LES GLORIEUX SUCCÉS DE SES ARMES.

LE ROY ayant aprouvé que les Compagnies supérieures de sa Capitale, vinssent, suivant leurs désirs, lui donner de nouvelles assurances de la part qu'elles prenoient à sa Gloire; les députés de ces Compagnies* se rendirent en Flandre, ou ils complimenterent *Sa Majesté*, sur la Victoire qu'elle avoit remportée à Fontenoy et sur la prise de la Ville de Tournay.

Voila le Sujet du Médaillon. On voit le Roy dans sa Tente assis sur son Trône, auprès duquel est *Monseigneur le Dauphin.* Themis, qui caractérise les Cours supérieures, est au pied du Trône, qui harangue *Sa Majesté*, sur les heureux succés de ses armes. Dans le fond et à côté de Themis, on remarque la Ville de Paris, caractérisée dans une seule figure, qui vient témoigner au Roy, la part qu'elle prend à tant de glorieux évenemens. On lit cette Légende PLAUDIT ET MITISSIMA THEMIS. C'est-à-dire : Themis, qui n'aime que la Paix, aplaudit elle-même à ce Vainqueur. A l'Exergue : An. M.DCCXLV. Jun. III. IV. et VI.

(*) Le Parlement, la Chambre des Comptes, la Cour-des-Aides, le Grand Conseil, la Cour-des-Monoyes, le Corps de la Ville de Paris. Tous les Députés de ces Compagnies eurent audience, les 3. 4. et 6. de Juin.

LA DÉFAITE DE SIX MILLE HOMMES DES ALLIÉS, A MÉLE, ET LA RÉDUCTION DES VILLES DE GAND ET DE BRUGES.

Le Roy ayant formé le projet de s'emparer de la Ville de Gand, Sa Majesté conduisit à cet effet, au commencement de Juillet, son Armée vers la Dendre, que les Alliés à son approche repasserent avec précipitation. Le Roy étant-venu occuper le Camp de Bost, entre l'Escaut et la Dendre, où Sa Majesté faisoit face à l'Armée de ses ennemis, Elle chargea le Vicomte du Chayla et le Comte de Lowendalh, ses Lieutenans-Généraux, de l'expédition de Gand. En consequence, ils se porterent vers cette Ville, le 9. de Juillet, l'un par la droite et l'autre par la gauche de l'Escaut. Le même jour, un corps de 6000. hommes des Alliés, qui vouloit se jetter dans Gand, fut entierement défait, à Méle par le Vicomte du Chayla. Le 11. au matin, le Comte de Lowendalh emporta la Ville de Gand l'épée à la main, et força la Garnison de se retirer dans le Chateau, qui se rendit quatre jours après. Le Marquis de Souvré, Maréchal de Camp, ayant reçû le 18. les ordres du Roy, de marcher vers Bruges, à l'aproche de son détachement, les ha = bitans ouvrirent les portes de la Ville, qui se soûmit à Sa Majesté.

Voila le sujet du Médaillon. Le Roy y est représenté, dans son Camp, de bout et apuyé sur ses Armes. La position où étoit Sa Majesté, vis-à-vis de l'Armée ennemie, est désignée par le Fleuve de l'Escault d'un côté, qui, surpris de voir ce Conquérant sur ses bords, lui rend hommage, et de l'autre côté, par la Dendre épouvantée, qui paroit faire des efforts pour arrêter ce Prince et l'empêcher d'attaquer ses ennemis, dont le Camp est désigné sur l'autre bord de son rivage, non seulement par leurs Drapeaux, mais encore par le Lion d'Hollande et le Léopard d'Angleterre, qui regardent ce Monarque avec effroy par dessus leurs Palissades. Auprès du Roy est Monseigneur le Dauphin, qui considere un Trophée d'Armes, que la Victoire présente à Sa Majesté, lequel Trophée carac = térise la défaite des ennemis, comme les Ecussons aux Armes de Gand et de Bruges, qui y sont suspendus, désignent la conquête de ces deux importantes Places. On lit cette Legende: HOSTE ITERUM PROFLIGATO, GANDAVUM BRUGAS-QUE SUBEGIT. C'est-à-dire: Une seconde fois victorieux (par la défaite des Alliés à Méle) Il prend les Villes de Gand et de Bruges. A l'Exergue: An. MDCCXLV. Jul. IX. XI. et XVIII.

LA RÉDUCTION DE LA VILLE
D'OUDENARDE.

LE ROY toujours campé à Bost, faisant face à l'Armée des Alliés, Sa Majesté donna ordre, au Comte de Lowendalh, de faire le Siége de la Ville d'Oudenarde. Ce Lieutenant Général en ayant fait l'inves= tissement, il fit ouvrir la tranchée devant cette Place, la nuit du 17, au 18, de Juillet, et elle se rendit au Roy le 21, après quatre jours de tranchée ouverte.

Voila le Sujet du Médaillon. Le Roy, ayant à côté de lui Monseigneur le Dauphin, reçoit à la porte de sa Tente la Ville d'Oudenarde, figurée par une femme prosternée aux pieds de Sa Majesté, qui lui présente ses Clefs. On remarque cette Ville dans l'éloi= gnement, sur les remparts de laquelle on voit le Drapeau Arboré, et des Soldats épouvantés. L'Escaut, au pied de ses murs, regarde avec étonnement la prise d'une Place, que la profondeur de ses eaux n'a pû deffendre. On lit cette Legende: JUBET HEROS, PARET ALDENARDA. C'est-à-dire: Il ordonne: et Oudenarde se soûmet à ses Loix. A l'Exergue: An. MDCCXLV. Jul. XXI.

LA RÉDUCTION DE LA VILLE
DE DENDERMONDE.

Le Roy, qui étoit parti le 25. de Juillet, pour se rendre à Gand et à Bruges, où Sa Majesté fut reçuë aux acclamations de tous les peuples avec une magnificence extraordinaire, revint joindre le 4. d'Août son Armée, campée près de la Ville d'Alost, en deçà de la Dendre. Aussitôt que le Roy fût arrivé, Sa Majesté fit investir la Ville de Dendermonde; et le Duc d'Harcourt chargé de ce Siége, sous les ordres du Roy, ouvrit le 11. la tranchée devant cette Place, et le 12. elle se soumit à Sa Majesté.

Voila le Sujet du Médaillon. Le Roy, suivi de Monseigneur le Dauphin, reçoit dans son Camp la Ville de Dendermonde, qui lui présente ses Clefs. Sur le devant, on voit la Riviere de la Dendre, qui temoigne la joye qu'elle ressent de se voir soûmise aux loix de ce Monarque. On lit cette Legende: UNA DIE REX TENERAMUNDAM DOMAT: *C'est-à-dire:* Dendermonde ne coûte qu'un seul Jour au Roy. *A l'Exergue:* An. M.DCCXLV. Aug. XII.

LA RÉDUCTION DE LA VILLE D'OSTENDE.

LE ROY ayant résolu, dans le même tems, de faire assiéger la Ville d'Ostende, le Comte de Lowendahl fût chargé par Sa Majesté de cette expédition. Ce Lieutenant Général se porta, le 4. d'Août, à Bruges avec son détachement, prit les Forts de Plassendal et d'Albert, et s'avança vers les Dunes, dont il se rendit maître jusqu'à Ostende. Il fit ensuite ouvrir la tranchée devant cette Place, et le vingt-trois, cette Ville importante (et fameuse par un siège de trois ans qu'elle a soûtenu autrefois) se rendit à Sa Majesté, après 6. Jours de tranchée ouverte.

Voila le sujet du Médaillon. Le Roy, accompagné de Monseigneur Le Dauphin, reçoit la Ville d'Ostende, figurée par une femme qui lui présente ses Clefs, et qui met aux pieds de Sa Majesté le Trident de Neptune, le quel caractérise son Port et l'importance de la conquête de cette Place Maritime. Dans l'éloignement on voit la Mer, et des Vaisseaux qui font Voile, ce qui désigne les vains efforts que les Anglois ont fait pour la deffence de cette Ville, d'autant plus intéressante pour eux, qu'elle leur ouvroit l'entrée des Païs-Bas. On lit cette Legende: OSTENDA OLIM INEXPUGNABILIS, INTRA SEX DIES SUBACTA. C'est-à-dire: Ostende, autrefois imprenable, est soûmise au Roy en Six Jours. A l'Exergue: An. M.DCCXLV. Aug. XXIII.

L'ENTRÉE TRIOMPHANTE DU ROY, DANS PARIS, AU RETOUR DE LA GLORIEUSE CAMPAGNE DE SA MAJESTÉ.

LE ROY revenant victorieux de sa Campagne de Flandres, fit son Entrée à Paris le 7. Septembre, où Sa Majesté fut reçuë, aux acclamations de joye d'un peuple innombrable, avec tout le zéle et la magnificence qui convenoient, dans une circonstance aussi brillante et aussi intéressante pour toute la France.

Voila le sujet du Médaillon. LE ROY y est représenté sur un Char de Triomphe, à la maniere Antique, qui paroît sortir d'un Arc-Triomphal, pour aller passer sous un autre, qui est dans le fond. Ce qui caractérise les différens apareils de la magnificence de Paris, pour la réception de ce Grand Prince. Le Roy tient son sceptre d'une main et marque de l'autre à la Ville de Paris, qui lui présente ses Clefs, la bonté avec laquelle il reçoit son hommage. Dans le même Char et à côté de Sa Majesté est aussi Monseigneur le Dauphin. La Victoire vôle au dessus et couronne le Roy. L'Allegresse, sous la forme d'une jeune fille couronnée et ornée de Guirlandes de fleurs, marche au devant du Char et le conduit. Elle figure la joye publique sur le glorieux retour de Sa Majesté. Un Vieillard suivi de tout le peuple, des enfans &c. marquent par leurs différentes attitudes, l'Amour, le zéle et le respect qui les attache à leur Prince. Autour du Char on voit des Guerriers, chargées des Drapeaux des Nations vaincuës. On lit cette Légende: GALLORUM IN ANIMIS POMPA MELIORE TRIUMPHAT. *C'est-à-dire: Son Triomphe dans le coeur de ses sujets est bien au dessus des témoignages éclatans que leur zéle fait paroître au dehors. A l'Exergue: An. M.DCCXLV. Sept. VII.*

LA RÉDUCTION DES VILLES DE NIEUPORT
ET D'ATH.

LE ROY, revenu triomphant à Paris, aprit que le Comte de Lowendalh, à qui il avoit confié la conduite du Siége de Nieuport, avoit répondu à l'attente de Sa Majesté, et qu'il s'étoit rendu maître de cette Place, devant laquelle la tranchée fut ouverte le 31. d'Aoust, et qui se soûmit à l'obéïs= sance du Roy, le 5. de Septembre. Cette expédition fut suivie du Siége de la Ville d'Ath, que le Marquis de Clermont-Gallerande, sous les ordres du Maréchal Comte de Saxe, prit le 8. d'Octobre, après 5. Jours de tranchée ouverte. Par la conquête de ces deux Villes, Sa Majesté se trouva en possession de tout le païs que la Reine de Hongrie pos= sédoit depuis la Dendre jusqu'à la Mer.

Voila le sujet du Médaillon. La Victoire, qui vôle toujours sur les pas du Roy, vient présenter à Sa Majesté de nouvelles couronnes, pour la conquête de ces deux Places. Le Roy, couronné de Lau= rier, voit la Victoire dans son Palais. On voit aux pieds de ce Grand Prince les Ecussons de ces Villes, décorés de Palmes, simboles de toutes celles qu'il a cueillies dans cette brillante Campagne. On lit cette Légende: NOVO POLIORCETÆ CEDUNT NOVUS PORTUS ET ATHUM. C'est-à-dire: Nieuport et Ath se rendent a notre (*) POLIORCETE moderne. A l'Exergue: An. M.DCCXLV. Sept. V. et Octob. VIII.

(*) Poliorcete Signifie Preneur de Villes.

LA CAMPAGNE D'ALLEMAGNE, PAR S.A.S. MONSEIGNEUR LE PRINCE DE CONTY, PENDANT L'ANNÉE M.DCCXLV.

LE Roy ayant donné le commandement de son armée d'Allemagne au Prince de Conty, l'accommodement imprévû que fit alors l'Electeur de Baviere avec la Reine de Hongrie, obligeant les François d'abandonner cet Electorat, Son Altesse Sérénissime marcha avec une partie de ses troupes, pour favoriser la glorieuse retraite que fit le Comte de Segur, avec 6000. hommes, devant une armée de plus de 15000, qui ne pût jamais ni le rompre ni l'arrêter dans toute sa marche. Le Prince de Conty vint ensuite sur le Mein, ou S.A.S. contint pendant près de deux mois, au de-là de cette riviere, le Feldt Maréchal Comte de Traun, dont les forces étoient supérieures à celles du Prince. Mais le Grand Duc de Toscane étant venû, avec de nouvelles forces, prendre le commandement des troupes de la Reine de Hongrie, et se trouvant en état de faire de puissantes diversions au deçà du Rhin, le Prince de Conty repassa ce Fleuve, couvrit nos frontieres et les conserva hors d'insulte contre toutes les forces des ennemis. La conduite de son Altesse Sérénissime a fait voir, dans le cours de cette Campagne, toute la prudence d'un Général, dont l'Italie avoit admiré la valeur.

Voila le sujet du Médaillon. Le Prince de Conty y est représenté sous la forme du jeune Hercule, tranquille et apuyé sur sa massuë. Il regarde le Fleuve du Rhin, qui paroît épouvanté, de voir la Discorde et la Guerre sur ses bords, le menacer du plus affreux ravage. La tranquillité du Héros, qui par son geste lui fait connoître qu'il ne craint point ses ennemis, le rassure et lui est un présage qu'ils ne se servoient passer devant lui. On lit cette Légende : QUIS, QUEMVE AMNEM HOC PROHIBENTE TRANET ? *C'est-à-dire :* Toute rive ainsi gardée est inabordable à l'ennemi *A l'Exergue. An.* M.DCCXLV.

LES AVANTAGES REMPORTÉS EN ITALIE, PAR LES TROUPES FRANÇOISES ET ESPAGNOLES, DANS LA CAMPAGNE DE L'ANNÉE M.DCCXLV.

Le Roy se couvroit de Lauriers dans les Païs-bas, pendant que les troupes de Sa Majesté, commandées par le Maréchal de Maillebois, jointes à celles de S.A.R. l'Infant Don Philippe, s'ouvrirent un passage à travers les Alpes, qui séparent les Etats de Gênes de la Lombardie, prirent les Villes d'Acqui, de Serravale et de Tortone. Ensuite, les troupes combinées s'emparèrent de Plaisance, de Parme et de Pavie. Après de si heureux succès, l'Infant marcha vers le Tanaro, passa ce fleuve à la vûë du Roy de Sardaigne qui couvroit la Ville d'Alexandrie, remporta sur ce Prince une victoire complete; prit Alexandrie, Cazal, Valence, et termina cette glorieuse campagne par la prise de la Ville de Milan.

Voila le sujet du Médaillon. La Victoire, assise sur des Trophées d'Armes à l'ombre de deux Palmiers, tient d'une main une couronne murale et un Bouclier, sur lequel elle montre les noms des Villes conquises, dans cette Campagne, par l'Infant. On voit à côté le Tanaro, apuyé sur son Urne, qui présente une palme à la victoire, simbole du triomphe de ce Prince sur les bords de ce fleuve. Dans le fond on remarque des montagnes extremement élevées, qui désignent les obstacles qu'il a falû franchir pour parvenir à ces conquêtes. On lit cette Légende: TT ANNIBAL, ALPES SUPERANT, URBES EXPUGNANT. C'est-à-dire: Comme Annibal ils passent les Alpes et prennent les Villes. Il exerque An. M.DCCXLV.

LA RÉDUCTION DE LA VILLE DE BRUXELLES,
CAPITALE DU BRABANT.

LE ROY, toujours attentif à la gloire de ses armes et aux moyens d'accélérer la Paix, pour tâcher de vaincre l'obstination de ses ennemis et les déconcerter dans leurs desseins, ordonna au Maréchal Comte de Saxe d'assiéger la Ville de Bruxelles, Capitale du Brabant, au milieu des frimats et des glaces d'un des plus grands Hivers que l'on eût vû depuis longtems. Ce Général à qui rien n'étoit impossible lorsqu'il falloit répondre à la confiance du Roy, soutenû de la valeur de la Nation, investit cette place le 30. de Janvier 1746, prit Wilworde et les Forts de son Canal, occupa Louvain, et la tranchée ayant été ouverte devant Bruxelles, le 7. de Février, il soûmit cette Ville le 21. à l'obéïssance de Sa Majesté, fit prisonniers de guerre 17. officiers généraux, 18. bataillons et 9. Escadrons, à la vûe du Prince de Waldeck, qui assembloit son armée pour venir au secours de cette Place, dans laquelle les Alliés avoient rassemblé tous leurs Magazins et leurs préparatifs pour la campagne suivante.

Voila le sujet du Médaillon. Le Roy y est représenté sur son Trône, recevant des mains d'Hercule la Ville de Bruxelles, prosternée, qui présente ses Clefs à Sa Majesté. Elle est accompagnée d'un Guerrier, qui, dans une attitude respectueuse, dépose ses armes aux pieds du Roy. L'Action de ce Guerrier désigne tant de Généraux, d'Officiers, de Soldats, que la Victoire à soûmis à nôtre Auguste Monarque. On lit cette Légende : REX IMPERAT, DUX PARET, URBS EXPUGNATUR. C'est-à-dire : Le Roy ordonne, le Général éxécute, la Ville se rend. A l'Exergue : An. MDCCXLVI. Feb. XXI.

LE ROY FORÇANT L'ARMÉE DES ALLIÉS A ABANDONNER ENTIEREMENT LE BRABANT ET A SE RETIRER SUR LES FRONTIERES DE LA HOLLANDE.

La glorieuse et surprenante prise de la Ville de Bruxelles, et les pertes que les enne=mis y avoient faites, n'ayant pû les faire entrer dans les vûes pacifiques du Roy, Sa Majesté partit de Versailles, le 2 de May, pour aller ouvrir la Campagne en Flandres. Le 4, le Roy fit son entrée publique dans Bruxelles, où Il reçut les hommages des Députés du Duché de Brabant, et de-là Il fut se mettre à la tête de son armée. Les Alliés étoient campés sur les bords de la Dile, où, retranchés et couverts par cette riviere, ils prétendoient lui en disputer le passage; mais, à l'approche de Sa Majesté, ils évacuerent la Ville de Malines, et s'éloignerent de la Dile. Le Roy les poursuivant toujours, ils abandonnerent la Ville d'Anvers, repasserent la Nethe, et se retirerent sur les frontieres de la Hollande. Sa Majesté ayant passé cette riviere pour les suivre, les Alliés, dans la crainte d'être envelopés ou de se voir couper toute communication avec les secours qu'ils attendoient de l'Allemagne et de l'Angleterre, s'éloignerent encore et ne se crurent enfin en sûreté, qu'en se retirant sous le Canon de Breda. Le Roy, dans cette poursuite, s'empara des Villes de Louvain, de Malines, de Liere, d'Arschot, d'Hérentals, et du fort de Sainte Marguerite.

Voila le Sujet du Médaillon. Le Roy, sous la figure de Mars, un javelot à la main, paroît marcher à ses ennemis. Il est suivi d'Hercule, qui caractérise le Maréchal Comte de Saxe, commandant sous les ordres de Sa Majesté. Le Roy, précedé de la Victoire, reçoit en passant les Villes qui se soumettent à sa puissance. On voit la Dile, à ses pieds, qui lui rend hommage, et la Nethe, dans l'éloignement, témoigne par son attitude qu'elle n'attend que ce Conquerant pour faire la même chose. Au de-là de cette derniere riviere, on remarque les Alliés, effrayés de l'approche de ce Grand Prince, qui abandonnent leurs retranchements et cherchent leur sûreté dans la fuite. On lit cette Legende: VIDERUNT LODOICUM HOSTES, ET FUGERUNT. C'est-à-dire: Les ennemis ont vû Louis, et ont fui. A l'Exergue: AN. M.DCCXLVI. MAII. VI. IX. XI. XV. et XVIII (*).

(*) Les dattes de l'Exergue sont celles des marches du Roy dans la poursuite de ses ennemis. Le 6 de May, Sa Majesté voulant reconnoître les premiers Camps qu'elle vouloit occuper, elle fit marcher en avant le Comte de Lowendal, Lieutenant général, qui s'empara le même jour de la Ville de Louvain. Le 9 le Roy campa à Perck; le 11 à Steenokerzeel; le 15 Il passa la Dile et vint à Malines; et le 18 Il alla s'établir au Camp à Laeve, au de-là de la Nethe. Ainsi, dans l'espace de 12 Jours, Sa Majesté força l'Armée ennemie d'abandonner entierement tout le Brabant.

LA RÉDUCTION DE LA VILLE D'ANVERS
ET DE SA CITADELLE.

LE ROY ayant forcé ses ennemis d'abandonner le Brabant et de se retirer en Hollande, la Ville d'Anvers envoya des Députés à Sa Majesté pour se soumettre à son obéissance, et le Marquis de Brezé, Lieutenant-général, en prit possession le 20. May. La Citadelle de cette Ville où la Garnison s'étoit retirée, fut assiégée, sous les ordres du Roy, par S. A. S. Mgr. le Comte de Clermont. Ce Prince l'investit le 22. de May, et, après un Siège de six jours, la garnison fut obligée de Capituler le 31. et de remettre la Place, avec les Forts de l'Escault qui en dépendoient, au pouvoir de Sa Majesté. Le 4. de Juin, le Roy fit son Entrée dans cette Ville, dont la conquête acheva de mettre le reste du Brabant sous sa domination.

Voila le sujet du Médaillon. Le Roy, apuyé sur ses armes, reçoit la Ville d'Anvers qui lui remet ses Clefs. Un Guerrier, qui désigne S. A. S. Monseigneur le Comte de Clermont, montre l'Escault, qui présente à Sa Majesté une Couronne murale, simbole de la réduction de la Citadelle de cette Ville et de tous les Forts qui deffendoient les aproches de cette importante Place, situées sur les bords de ce Fleuve. On lit cette Légende: QUANTO MUNITIORES ARCES, TANTO NOBILIOR EXPUGNATOR. C'est-à-dire. La Citadelle et les Forts ont moins procuré des obstacles au Vainqueur, qu'un nouvel éclat à la gloire. A l'Exergue: An. M.DCC XLVI. Mai XX. et XXXI.

LA RÉDUCTION DE LA VILLE DE MONS.

LE ROY après avoir achevé de réduire le Brabant sous son obéissance, Sa Majesté, apellée par des objets nécessaires, partit le 10. de Juin, pour retourner à Versailles, laissant au Maréchal Comte de Saxe le commandement de son armée. Le Roy, avant son départ, avoit fait les dispositions convenables, pour se rendre maître de tout ce qui restoit encore dans le Haynaut à la Reine de Hongrie, par la conquête de la Ville de Mons. En conséquence Sa Majesté avoit ordonné au Duc de Boufflers et au Comte d'Estrées, Lieutenans-généraux, de joindre avec leurs détachemens l'Armée commandée par S. A. S. le Prince de Conty, que le Roy avoit chargé du Siége de cette importante Place. Elle fut investie le 7. de Juin, et malgré les obstacles que les pluyes continuelles opposoient aux assiégeans, la tranchée fut ouverte devant, le 24 du même mois. Les attaques en furent conduites par ce Prince avec tant d'ordre et d'intelligence, et les Troupes s'y comporterent avec tant d'activité et de valeur, que la garnison, forte de douze bataillons, fut obligée de capituler le 10. de Juillet et de se rendre prisonniere de guerre, après 16. jours de tranchée ouverte.

Voila le sujet du Médaillon. Monseigneur le Prince de Conty y est représenté sous la forme d'un Jeune Guerrier, assis et apuyé sur son Bouclier. Il tient d'une main l'Etendart de la France, et de l'autre une branche d'Olivier, simbole des vûes pacifiques du Roy dans la guerre que ces ennemis l'ont engagé, ainsi que de la modération et de la bonté avec laquelle Sa Majesté r traite les peuples qui se soumettent à sa domination. On voit, aux pieds du Héros, la Ville de Mons qui présente ses Clefs. Les Trophées d'armes, qu'on remarque dans le fond, caractérisent la gloire que le Prince de Conty s'est acquise dans ce Siége, en forçant la Garnison nombreuse qui défendoit cette place, une des plus fortes de l'Europe, à se rendre Prisonniere de guerre. On lit cette Légende: CATENIS HOSTES, LODOICUS, BENEFICIIS CIVES, VINCIT. C'est-à-dire: LOUIS soûmet ses ennemis par la force et gagne les cœurs des peuples par ses bienfaits. A l'Exergue: An. MDCCXLVI. Jul. X.

LA RÉDUCTION DES VILLES DE SAINT-GUISLAIN ET DE CHARLEROY.

Le Roy, par les premières opérations de la Campagne, ayant mis ses ennemis hors d'état de pénétrer dans le Brabant, et voulant après la conquête de Mons les empêcher de pouvoir entrer dans le Haynault, S. M. ordonna, au Prince de Conty, de faire assiéger en même-tems les Villes de Saint-Guislain et de Charleroy. Le Marquis de la Fare, Lieutenant général, que S. A. S. avoit chargé du Siége de la première, attaqua cette Place et obligea la Garnison de se rendre prisonniere de guerre, le 26. de Juillet. Le Prince de Conty marcha pendant ce tems à Charleroy, qu'il investit le 16. du même mois. La conduite de S. A. S. l'intrépidité et la hardiesse que les Troupes montrerent dans ce siége, ayant attaqué cette Ville dans tous ses postes avec une valeur qui n'a point d'exemple, intimida tellement les assiégés, que cette Place, l'une des plus fortes de la Frontiere, fut obligée le 2. d'Aoust de se soûmetre à l'obéissance du Roy, le cinquiéme jour de la tranchée ouverte.

Voila le sujet du Médaillon. Un Guerrier, qui représente S. A. S. Monseigneur le Prince de Conty, assis près d'un Palmier sur des Trophées-d'Armes et tenant une couronne murale, simbole de la réduction de Mons, y reçoit la Victoire, qui, d'un vol rapide, vient poser sur le même Palmier les Ecussons des armes des Villes de Saint-Guislain et de Charleroy. Par la rapidité du Vol de la Victoire, on a voulû exprimer la capacité du Prince et la valeur des Troupes, dans la rapide conquête de ces deux Places. On lit cette Légende: PERNICI VICTORIA LATAM DECET OCCURRERE VICTORIAM. *C'est-à-dire:* Ne vous étonnés pas si la Victoire a des aîles: il lui en faut pour suffire à la rapidité du Vainqueur. *A l'Exergue:* An. MDCCXLVI. Jul. XXVI. et Aug. II.

LA RÉDUCTION DE LA VILLE DE NAMUR
ET DE SES CHÂTEAUX.

Le Prince Charles de Lorraine, qui venoit de prendre le commandement de l'Armée des Alliés, n'ayant pû empêcher la prise de Charleroy, ce Prince porta toutes ses attentions à deffendre à nôtre armée les aproches de la Ville de Namur, qui étoit la dernière ressource qui restat à la Reine de Hongrie, entre la Mer et la Meuse, pour inquiéter noë anciennes frontieres et pour pouvoir pénétrer dans les Conquêtes du Roy. Fondant ses esperances sur la conservation de cette Place, il rassembla toutes ses forces dans un Camp, dont la seule situation sembloit devoir arrêter et rendre inutiles tous nos efforts; mais, le Maréchal Comte de Saxe, par des manœuvres dignes de lui, sçût si habilement, par ses differentes positions, couper à ses ennemis toute sorte de subsistance, qu'il les força d'abandoñer leur Camp et de chercher à se mettre en sureté au dela de la Meuse, qu'ils passerent le 20. d'Aoust. Namur fut investi, le 5. de Septembre, par S. A. S. Mgr. Le Comte de Clermont. Ce Prince ayant fait ouvrir la tranchée devant cette Place, le 12, Il en conduisit le Siège avec tant d'intelligence et de capacité, que la Ville capitula le 19, et le 30, la Garnison qui s'étoit retirée dans les Châteaux, au nombre de 13. bataillons, fut obligée de se rendre prisoñiere de guerre, après six jours de tranchée ouverte. Ce succès surprenant fait l'éloge d'un Prince, digne héritier de la valeur de ses ancêtres, qui, par la conquête de cette importante Place, à achevé de mettre sous la domination du Roy, tout le reste des Païs-Bas qui apartenoit à la Reine de Hongrie.

Voila le sujet du Médaillon. La Ville de Namur, prosternée, présente deux couronnes murales à un guerrier, tenant l'Etendard de la France, qui caractérise S. A. S. Monseigneur le Comte de Clermont. Ces couronnes sont les simboles de la gloire qu'à merité S. A. S. par la prompte réduction de cette forte Place et de ses Châteaux à l'obéïssance du Roy. Sur le devant on voit la Sambre et la Meuse, qui s'embrassent et qui regardent avec étonnement un Prince, objet de leur admiration, qui vient de prendre une Ville, que leurs eaux réunies n'ont pû deffendre contre ses efforts; et qui, par une conquête de cette importance, à soumis sous la domination de Sa Majesté le reste des Etats, qui faisoient autrefois partie de l'ancien patrimoine de nos Roys. On lit cette Légende: NAMURCUM EXPUGNARI OPORTUIT UT FIAT INEXPUGNABILE, c'est-à-dire Namur va commencer de ce Jour à être imprenable entre les mains de son Nouveau maître. A l'Epoque. An. MDCCXLVI. Sept. XIX. et XXX.

LA BATAILLE DE ROCOUX, GAGNÉE PAR LE MARÉCHAL COMTE DE SAXE, SUR L'ARMÉE DES ALLIÉS, COMMANDÉE PAR LE PRINCE CHARLES DE LORRAINE.

Pendant qu'on faisoit le Siège de Namur, le Prince Charles de Lorraine, après avoir fait, depuis le passage de la Meuse, divers mouvemens, se détermina enfin à se replier du côté de Maestricht, et le 11. de Septembre il repassa la Meuse, dans le dessein d'in= quiéter le Siège; mais le Maréchal Comte de Saxe sçut le contenir de maniere, qu'il le réduisit à n'être que le spectateur de la prise de cette Ville. Après sa réduction, ce Géné= ral, uniquement occupé de la gloire du Roy et du soin d'assûrer la solidité des con= quêtes de S. M. voyant les ennemis obstinés à se maintenir en deçà de la Meuse, il résolut de les forcer à repasser cette riviere. Dans cette vûë, il passa le Jar le 10. d'Oc= tobre; le 11. il les attaqua, les força dans tous les postes ou ils s'étoient retranchés, sépara leur armée, en rejetta une partie au delà de la Meuse, l'autre sous les murs de Maes= tricht, et remporta sur eux une victoire signalée.(a) On ne peut trop admirer, dans cette fameuse journée, les dispositions que le Maréchal Comte de Saxe avoit faites pour s'assûrer de la Victoire, qui a si glorieusement fini cette Campagne; et l'on ne peut donner trop d'éloges à la conduite héroïque qu'a montré S. A. S. Mgr. le Comte de Clermont, dans cette occasion; ainsi qu'à la valeur et à l'intrépidité que les Troupes y ont fait paroître.

Voila le Sujet du Médaillon. Le Roy sur son Trône, reçoit des mains d'Hercule, qui figure le Maréchal Comte de Saxe, une Pal= me et une Couronne, simboles de la Victoire que l'Armée de Sa Majesté, a remportée à Rocoux, sous les ordres de ce Général. On voit, à côté d'Hercule, un Guerrier appuyé sur ses armes, qui représente allégoriquement S. A. S. Monseigneur le Comte de Clermont, qui a eu tant de part dans les succès de ce glorieux jour. Des Trophées d'Armes, qui sont répan= dus sur le devant, marquent simboliquement les avantages remportés sur les Alliés. Une Corne d'Abondance avec les attributs de la justice, autour du Trône, expriment que l'Auguste LOUIS XV. n'a pour but que la Paix, le bonheur de ses Sujets, et le bien universel de tous les hommes. On lit cette Légende: HÆC ULTERIORIBUS VICTORIA MATERIEM ADIMIT. C'est-à-dire: Après cette victoire que reste-t-il encore à vaincre? A l'Exergue: MDCCXLVI. Oct. XI.

(a) Les Alliés, dans cette action laisserent sur le champ de Bataille plus de 5000 hommes morts et blessés, 3 Drapeaux, 5 Etendards, et presque toute leur Artillerie.

LES AUTRICHIENS ET LES PIÉMONTOIS CONTRAINTS DE SORTIR DE LA PROVENCE, ET DE REPASSER LE VAR.

Les succés glorieux des Troupes Françoises et Espagnoles, pendant les Campagnes des Années 1744. et 1745, changerent de face en 1746, par les evenemens de la guerre et la supériorité des forces ennemies. La surprise de la Ville d'Asti, le 5. de Mars, par le Roy de Sardaigne, détermina la Fortune, et obligea S. A. R. l'Infant Don Philippe et le Maréchal de Maillebois, d'abandonner la Lombardie et de repasser en France. Malgré la difficulté de se retirer, on prit la résolution hardie de se faire jour à travers des Armées ennemies. Le passage du Pô se fit à leur vûe, le 9. d'Août, avec un ordre et une intrépidité admirable. Le lende= main l'Armée combinée de France et d'Espagne ayant passé le Tidon, les ennemis s'étant présentés pour lui couper sa retraite, ils furent repoussés de tous côtés, et perdirent dans cette action plus de 6000. hommes et trois Officiers Généraux. Cette glorieuse Victoire, remportée dans des circonstances aussi critiques, ne pût cependant point empêcher la nécessité où l'on se trouvoit, par l'infériorité des forces, de rentrer dans la Provence. Après avoir subjugué l'E= tat de Gênes et remis sous leur obéïssance le Comté de Nice, les ennemis, fiers de leurs avar= tages, oserent passer le Var, le 30. de Novembre, avec une Armée de 50000. hommes, se flat= tant de pouvoir pousser leurs conquêtes en France, aussi avant qu'on les avoit portées en Italie. Mais le Maréchal Duc de Belle-Isle, qui vint prendre le Commandement de l'Armée Françoise, consistante en moins de 20000. hommes, sçût, par sa prudence, les arrêter dans les progrès qu'ils se proposoient de faire, et mettre les Villes d'Aix, de Marseille et de Toulon à couvert de leurs insultes. Lorsqu'il eût reçû les renforts qu'il attendoit, il marcha à eux, le 21. de Janvier 1747, dans le dessein de leur livrer bataille. Loin de l'attendre, le Général Comte de Browne leva sur le champ le siége d'Antibes, et repassa précipitamment le Var, le 23, avec la perte d'une partie de son arrieregarde, qui fut culbutée au passage de ce Fleuve. Cette irrup= tion téméraire et peu réfléchie de la part des ennemis, leur a coûté plus de 25000. hommes, tant tués que prisonniers. On ne peut trop louer dans cette expédition, la conduite du Géné- ral, la valeur des Troupes, et le zéle des habitans de la Provence.

Voila le sujet du Médaillon. On y voit sur le devant un Soldat, saisi de crainte et de frayeur, qui fuit. Il porte sur un Drapeau et sur son bouclier les Armes de la Maison d'Autriche et celles de Savoye, simboles de l'union et de la deffaite de ces deux Puissances. Le milieu du Médaillon est occupé par un Guerrier, caractérisant le Maréchal Duc de Belle-Isle, qui l'epée haute, poursuit vivement l'ennemi. On remarque à ses pieds le fleuve du Var, qui l'arrête, et semble lui demander grace pour un ennemi vaincu, qui ne voit plus de salut que dans le secours et le rempart que lui présentent ses eaux. La Provence est représentée, dans le lointain, sous la figure d'une femme assise tranquillement sur un Trophée d'Armes, à l'ombre de ses Oliviers, regardant ses Campagnes jonchées de morts et montrant des Captifs à ses pieds. Image du zéle et de la fidelité de cette Province, qui voit avec plaisir et avec fierté, l'audace de nos ennemis humiliée, et tous leurs projets ecroulés et tournés à leur confusion. On lit cette Legende : EST UNDA SALUTI. C'est-à-dire : Le Fleuve fut leur salut. A l'Exergue : An. M. DCCXLVII. Jan. XXIII.

LE ROY EXHORTANT LES ETATS-GÉNÉRAUX DES PROVINCES-UNIES, A METTRE FIN AUX MALHEURS DE LA GUERRE.

Le Roy, par les heureux succés de la Campagne de 1746, se voyoit maître de tous les Païs-Bas apartenant à la Reine de Hongrie. Les Alliés, battus et poussés de toutes parts, n'avoient plus d'autre retraite contre *Sa Majesté*, que la Hollande-même; qui, par-là, alloit devenir le Théatre de la guerre. Le Roy étoit justement offensé du procedé des Etats-Généraux, qui, loin de se prêter aux justes et sages vûës de *Sa Majesté*, avoient soûtenu ses ennemis, par toute sorte de secours, contre la foy des Traités et de la Neutralité. Prêt à poursuivre les Alliés, dans le territoire de cette Re=publique, le Roy, toujours plus touché du plaisir de sacrifier sa gloire au bonheur de ses sujets et à la tranquillité générale, que sensible à la prospérité de ses armes, voulût bien encore, par un trait de modération sans exemple, inviter les Etats-Généraux à écouter enfin la voix de la Justice et de la Paix, par un *Mémoire* que *Sa Majesté* leur fit remetre le 17. d'Avril 1747, ou *Elle* leur notifioit ses vûës dans des termes pleins de sagesse et d'énergie, finissant par leur remontrer: Que s'ils s'obstinoient aveuglément à traverser ses projets pacifiques, ils s'exposoient à voir envahir et ravager leurs *Pro=vinces*, et peut-être changer la forme de leur Gouvernement. Les suites ont justifié les sages précautions, que la bonté et l'équité du Roy lui suggéroient, pour le salut et les intérêts de la *République*.

Voila le sujet du Médaillon. Il représente la Hollande, que la Discorde entraîne dans un précipice, d'où Minerve, qui la suit, veut en vain la garantir. Cette République a un bandeau sur les yeux, symbole de l'aveuglement qui lui a fait, sur une terreur panique, renoncer en partie à la liberté, que les Ancêtres du Roy lui avoient si généreusement pro=curée. Minerve, qui caractérise la Sagesse et la modération de Sa Majesté, l'Olivier à la main, fait tous ses efforts pour sauver la Hollande. Mais cette Puissance, aveuglée par les séductions de ses Alliés, loin de suivre les conseils que Minerve lui donne pour son salut, tient le glaive levé sans l'écouter, tandis que son Lion, en fureur, s'élance contre la Déesse. On lit cette Légende: SUADETUR MELIORA, DETERIORA SEQUITUR. C'est-à-dire: C'est son salut qu'on lui conseille; c'est à sa perte qu'elle court. A l'Exergue: A.R.M.DCCXLVII.Apr.XVII.

34

LA CONQUÊTE DE LA FLANDRE-HOLLANDOISE,
SOUS LES ORDRES DU MARÉCHAL COMTE DE SAXE.

L'obstination des Hollandois ayant réduit le Roy à la nécessité de por—
ter la guerre dans leurs Etats, le Maréchal Comte de Saxe, pour prévenir
l'effet des projets concertés par les Alliés, ordonna au Comte de Lowendalh
et au Marquis de Contades, Lieutenants-généraux, de marcher dans la Flan=
dre-Hollandoise. Ils y entrerent le 17. d'Avril. Le Comte de Lowendalh a=
yant investi tout à la fois les Villes de l'Ecluse et du Sas-de-Gand, il les for=
ça en peu de jours à se soûmetre à l'obéïssance du Roy. Pendant ces opéra =
tions, le Marquis de Contades se rendit maître des Forts de la Perle et de
Lieskenshoek. On soûmit ensuite les Villes de Philippine, d'Haest (ou Hulst)
et d'Axel. Plus de 5000. hommes furent faits prisonniers dans cette rapide
conquête, qui mit sous la domination de S. M, en moins d'un mois, tout le
païs qui se trouve situé entre l'Escault et la Mer.

Voila le sujet du Médaillon. C'est la peinture des premiers effets que produisit l'attachement aveugle
des Etats-Généraux pour les Alliés, qui fut la conquête de la Flandre-Hollandoise. Le Maréchal Comte
de Saxe, sous les ordres duquel cette glorieuse expédition fut faite, y est caractérisé sous la figure d'un
Guerrier, tenant d'une main le Drapeau de la France et de l'autre l'épée levée sur une femme, qui est
à ses pieds, caractérisant la Flandre Hollandoise, qui présente à ce Général des Couronnes murales, sym=
boles de la réduction de toutes ses places à l'obéïssance du Roy. On voit à ses côtés, une Urne renversée
et un Lion épouvanté, qui, à l'aspect des Lis, fuit à travers des roseaux. Ces Types désignent que ni les
inondations, ni les Troupes que la Hollande avoit envoyées pour deffendre cette partie de ses Etats,
n'en avoient pû retarder la conquête. On lit cette Legende: REDUS RESPUERAT, DEDITIONEM OFFERT. C'est-à-dire: Après a=
voir dédaigné d'être l'Alliée du Roy, elle est trop heureuse de devenir sa sujette. A Fontenoy. AN. M.DCC.XLVII. A P. XXI. ET XXIV. MAI. LVI. LII. ET XVII.*
*Le mal Sord le Fort de l'Ecluse se soûmit le 24 les Forts de la Perle et le Lieskenshoek se rendirent Le Sas-de-Gand se rendit le premier de May La Ville de Philippine le 6,
celle d'Haest (ou d'Hulst) le 14 et enfin la réduction de la Ville d'Axel, le 17, du même mois, acheva de soûmetre entierement à l'obéïssance du Roy, toute cette partie de la Hollande.

35

LA BATAILLE DE LAWFFELT, GAGNÉE PAR LE ROY, SUR L'ARMÉE DES ALLIÉS, COMMANDÉE PAR S. A. R. LE DUC DE CUMBERLAND.

Pendant qu'on faisoit la conquête de la Flandre-Hollandoise, le Duc de Cumberland pour occasionner une diversion, marcha le premier de May, avec toutes les forces des Alliés, vers la Ville d'Anvers, dans le dessein d'en former le Siége: mais ce Prince, par les sages précautions du Maréchal Comte de Saxe, se vit obligé de renoncer à ses projets sur Anvers et de se retirer entre les deux Nethes. Le Roy, informé de la position de l'Armée des Alliés, partit de Versailles, le 29. de May, pour aller se mettre à la tête de ses Troupes. Après avoir fait toutes les dispositions convenables pour tirer ses ennemis des postes avantageux qu'ils occupoient, Sa Majesté se porta à Louvain avec son armée, et de-là, jusques aux sources du Démer, ou les ayant attirés, Elle leur y livra bataille, le 2. de Juillet, et remporta sur eux la Victoire la plus signalée. Le combat s'engagea par la gauche des ennemis, composée des Anglois, Hanovriens, Hessois et Hollandois, retranchés dans le Village de Lawffelt. Les Troupes Angloises firent dans ce poste des efforts dignes de l'intrépidité et du courage de cette nation. Animées, par la présence et l'exemple du Duc de Cumberland, elles repousserent trois fois nos Troupes. Mais enfin, les Anglois et leurs Alliés furent forcés, et leur généreuse résistance, ne fit que relever l'éclat de la gloire du Roy et de la valeur des François. Ils furent rejettés sur Maestreicht, avec perte de leur Canon, et de plusieurs Timbales et Etendards. Le Roy marcha ensuite contre les Autrichiens, qui, n'osant l'attendre, se retirerent avec précipitation et passerent la Meuse. Les Alliés perdirent plus de 10000. hommes dans cette sanglante action.

Voila le sujet du Médaillon. Le Roy y est représenté debout, sur le Champ de bataille, environné de Canon et de Trophées-d'Armes, regardant la Victoire qui le couronne et lui présente les Etendards pris sur les Anglois et leurs Alliés, dans ce sanglant combat. Ce Prince a l'Epée levée, et marque, par son action, qu'il marche contre les Autrichiens, qu'on voit, dans le lointain, fuir et se cacher dans les Bois, pour se dérober à la poursuite du Vainqueur. On lit cette Légende; CERTARE EGREGIUM: QUID VINCERE? C'est-à-dire, Il étoit beau d'oser tenter le combat: combien le fut-il plus de vaincre? A l'Exergue: An. M.DCCXLVII. Jul. II.

36

LA RÉDUCTION DE LA VILLE DE BERG-OP-ZOOM.

Le Roy, par la Victoire remportée à Lawsfelt, ayant obligé ses ennemis à se retirer au de-là de la Meuse; Sa Majesté, qui les contenoit dans cette position, ordonna au Comte de Lowendalh de faire le siége de Berg-op-zoom. Ce Général se porta devant cette Ville, où malgré toutes les difficultés qui paroissoient insurmontables dans l'attaque d'une des plus fortes Places de l'Europe, environnée de Forts, de retranchemens et d'inondations, qui ne permetoient l'investissement que d'une partie, defenduë d'ailleurs par une armée, et rafraîchie continuellement de nouvelles Troupes et de munitions, il en forma enfin le siége, qui commença le 14. de Juillet, par l'ouverture de la tranchée. Les Alliés firent des tentatives pour s'y opposer, mais ayant été repoussés vivement au Village de Woud, la nuit du 9. au 10. d'Août, ils ne jugerent pas apropos de s'engager plus avant. Les travaux étant poussés ensuite avec toute la conduite et la valeur possible, malgré la résistance des assiégés, cette Ville, jusques alors imprenable, fut emportée d'assaut le 16. de Septembre, après 64. jours de tranchée ouverte. Tout ce qui résista fut passé au fil de l'épée, et le reste, qui rendit les armes, fait prisonnier. On attaqua les Forts qui dépendoient de la Place avec le même succès. Les Troupes Alliées qui campoient sous leur protection, prirent la fuite, et abandonnerent leurs armes, leur Canon et tous leurs Equipages. Ce siége, qui sera à jamais mémorable, est une des plus glorieuses époques de l'Histoire militaire de la nation Françoise, et immortalisera le Nom du Comte de Lowendalh, qui reçût, le Bâton de Maréchal de France, dans les murs même de sa brillante conquête. Après cette heureuse expédition, le Roy, triomphant et couvert de gloire, laissa le commandement de son Armée au Maréchal Comte de Saxe, et partit, le 23. de Septembre, pour se rendre à Versailles.

Voila le sujet du Médaillon. On y voit le Roy dans sa Tente, au milieu de son Camp, couronné de Laurier et assis sur son Trône. Un Guerrier, qui désigne le Comte de Lowendalh, présente à ce Prince une Couronne Murale, simbole de la réduction de la Ville de Berg-op-zoom, figurée par une jeune fille enchaînée et prosternée aux pieds de Sa Majesté, qui caractérise que cette Ville imprenable aux Parme, aux Spinola, et à tous ceux qui l'ont attaquée depuis ces Grands Capitaines, étoit une conquête réservée aux armes victorieuses du Roy. Elle est à genoux sur des Trophées d'Armes, images qui désignent les avantages que Sa Majesté a remportés sur ses ennemis, par la prise de cette redoutable Place et la fuite de l'Armée qui campoit sous ses murailles. Le Roy, en recevant la Couronne Murale, donne au Guerrier de qui il la reçoit, le Bâton de Maréchal de France, pour récompense d'un service si signalé. On lit cette Légende: UNI EXPUGNABILIS. C'est-à-dire: C'étoit à l'Invincible LOUIS XV. que la prise de cette Place étoit réservée. A l'Exergue: An.M.DCCXLVII.Sept.XVI.

37

LE ROY OFFRANT DE NOUVEAU LA PAIX AUX HOLLANDOIS ET A LEURS ALLIÉS.

Le Roy beaucoup plus touché du bonheur des peuples, que du désir ambi=
tieux d'agrandir ses Etats, dans le sein même de la Victoire, se montrant toû=
jours plus attentif à procurer, par ses soins héroïques, la tranquillité de l'Europe,
fit remetre, le 27. de Septembre, un Mémoire aux Etats-Généraux des Provinces-
Unies, par lequel Sa Majesté les invitoit à réparer, par une conduite plus mo=
derée et plus juste, tous les maux qu'ils s'étoient attirés, et de prévenir ceux qui
pouvoient suivre, en s'unissant sincerement à Elle, pour établir une Paix solide
entre les Puissances-belligérantes; Paix, qu'Elle leur offroit depuis cinq ans, et
que, dans les circonstances présentes, eux et leurs Alliés, ne pouvoient attendre que
de son humanité et de sa seule modération.

Voilà le sujet du Médaillon. Le Roy, au retour de sa Campagne, y paroît assis sur son Trône. Il
porte d'une main la Victoire, et de l'autre Il présente une branche d'Olivier; Types, qui caractérisent la tran=
quillité qu'il veut donner à l'Europe, au milieu de ses Triomphes et de toutes ses Conquêtes. Il charge la
Renommée, qui tient un Caducée, d'aller annoncer ses sentimens pacifiques aux Etats-Généraux et à
leurs Alliés. La Paix, assise à côté du Trône, regarde avec amour et reconnoissance ce Prince, qui la rend
temoin du sacrifice généreux qu'il fait pour elle. On lit cette Légende: BIS VICIT QUI VICTOR PACEM
OFFERT. C'est-à-dire: Offrir la paix aux vaincus, c'est remporter une victoire double. A l'Exergue:
An. M.DCCXLVII. Sept. XXVII.

38

LA RÉDUCTION DES FORTS DE FREDERIC-HENRY ET DE LILLO.

Aprés la conquête de Berg-op-zoom, le Roy avoit ordonné au Maréchal de Lowendalh, de s'emparer des Forts de Frederic-Henry et de Lillo. Il commença à faire battre le premier, le 28. de Septembre; la Place capitula le 10. d'Octobre, et la Garnison se rendit prisonniere de guerre. Le Fort de Lillo se soûmit éga= lement à l'obéissance du Roy, le 12. du même mois, aprés 10. jours de tranchée ou= verte. Par la prise de ces deux Forts importans, le Maréchal de Lowendalh acheva de mettre, sous la domination de Sa Majesté, toute la rive droite de l'Escault jusqu'à la Meuse. Ce furent ces derniers succés, qui terminerent la glo= rieuse Campagne de l'Année 1747.

Voila le sujet du Médaillon. La France y est représentée triomphante, assise sur des Trophées-d'armes, à l'ombre des Palmes et des Lauriers, tenant d'une main le Gouvernail de l'Escault et montrant de l'autre ce Fleuve, lui rendant hommage et déposant à ses pieds des Couronnes murales, simboles des dernieres Places qui ont été prises sur ses bords. On remarque la Meuse, dans le lointain, qui paroît épouvantée de voir l'Escault entierement soûmis à nos armes, et ses rivages menacés de subir le mê= me sort. On lit cette Légende: HUNC ILLA JAM VICIT, HANC MINITANS TERRET. *C'est-à-dire:* L'Escault vaincu fait trembler la Meuse. *A l'Exergue:* An. M.DCCXLVII. Oct. X. et XII.

39

LA CONQUÊTE DU COMTÉ DE NICE.

Avant que d'entrer dans le Comté de Nice, le premier soin du Maréchal Duc de Belle-Isle, fut de reprendre, sur les ennemis, les Isles de S.te Marguerite et de S.t Honorat, ce qu'il exécuta, le 25. et le 26. de May 1747. Ensuite ce Général passa le Var, le 3. de Juin. A la vûe de l'Armée Françoise, les Troupes ennemies abandonnerent précipitamment la Ville de Nice, et en peu de jours, par la prise du Fort de Montalban et de la Citadelle de Ville-Franche, on se rendit maître de presque tout ce Comté. S.A.R. l'Infant Don Philippe ayant joint avec ses forces, le Maréchal de Belle-Isle, on marcha vers le Château de Vintimille, dont on forma le Siége le 26. de Juin, et qui se rendit le premier de Juillet. Après la réduction de cette Place, on voulut s'ouvrir un passage dans le Piémont, mais les difficultés qui s'y rencontrerent, firent renoncer à ce projet. L'on se contenta de conserver le Comté de Nice, et de s'opposer par-là, a toutes les entreprises que le Roy de Sardaigne pouvoit tenter sur la Provence et le Dauphiné. En effet, tous les efforts de ce Prince se bornerent a vouloir former le siége de Vintimille. S.A.R. l'Infant Don Philippe et le Maréchal de Belle-Isle, instruits des dispositions des ennemis, les attaquerent vivement dans tous les postes qu'ils occupoient autour de ce Chateau, et les réduisirent en fin, le 20. d'Octobre, à prendre généralement la fuite. Ce furent les derniers actes d'hostilité ; les Articles préliminaires de la Paix ayant été signés à Aix-la-Chapelle le 30. d'Avril de l'année suivante, (1748,) dans le tems que l'Armée combinée de France et d'Espagne se préparoit à l'ouverture de la Campagne en Italie.

Voila le Sujet du Médaillon Minerve, qui désigne la Sagesse qui préside dans toutes les opérations de cette Campagne, y est représentée debout et appuyée sur ses armes, au milieu d'un Camp. A sa droite on voit des Guerriers, qui portent sur leurs Drapeaux et leurs Boucliers les Armoiries des Puissances Alliées et dans l'éloignement on aperçoit les flottes ennemies qui couvrent la Mer. Minerve fière et tranquille ne daigne pas les regarder. Elle ne paroît attentive qu'à rassurer la Province de Nice, qu'on remarque à sa gauche, sous la figure d'une femme allarmée d'épouvantée du danger qui l'environne de toutes parts. Le Bouclier de cette Déesse parsemé de Lis et des Tours de Castille, désigne ainsi que le Coq et le Lion, groupés auprès d'Elle et qui paroissent jouer ensemble, l'union de la France et de l'Espagne dans la Conquête et la conservation du Comté de Nice. On lit cette Légende, qui fait allusion au Lion et au Coq. QUID NON PERRUMPANT JUNCTA ROBUR ET VIGILANTIA. C'est-à-dire: De quoi ne viendroit pas a bout la force unie à la vigilance? A l'Exergue: An. M.D C CXLVII.

LA VILLE DE MAESTREICHT, ASSIÉGÉE PAR LE MARÉCHAL COMTE DE SAXE, REMISE AU ROY, POUR ÔTAGE DE LA PAIX.

Loin de répondre aux sentimens généreux du Roy, qui malgré la supériorité de ses Armes, offroit toujours à ses ennemis des conditions de Paix avantageuses, les Etats-Généraux et leurs Alliés, plus obstinés et plus opiniâtres que jamais à continuer la guerre, cherchèrent du secours jusqu'au fond du Nord. Dans ces dispositions, ils ne feignirent point de rendre publique une nouvelle Convention, faite à la Haye le 26. de Janvier 1748, dont l'objet étoit de mettre en campagne des forces supérieures à celles du Roy. Pour les prévenir et leur porter les derniers coups, Sa Majesté ordonna au Maréchal Comte de Saxe, de se rendre à Bruxelles. Ce Général, y arriva le 20. de Mars et par une manœuvre digne de ses grands talens pour la guerre, il dispersa les Troupes ennemies; et les Puissances Alliées aprirent avec surprise que ce Grand Capitaine avoit investi, le 8. d'Avril, la Ville de Maestreicht, sur la rive gauche de la Meuse, pendant que le Maréchal de Lowendalh l'enfermoit par l'autre côté de cette rivière. La tranchée fut ouverte le 15. devant cette Place. Le siège s'en poussoit avec vigueur; et elle auroit été dans peu soûmise à l'obéissance du Roy, si les Alliés n'eussent été enfin forcés, par la reconoissance de leur foiblesse, d'accepter les offres que Sa Majesté leur avoit tant de fois réitérées. En conséquence, les Préliminaires d'accommodement furent signés, le 30. d'Avril, à Aix-la-Chapelle. Le 3. de May S.A.R. le Duc de Cumberland, en informa le Maréchal Comte de Saxe, et le 7. la Ville de Maestreicht fut remise au Roy, pour sûreté du Traité.

Voila le Sujet du Médaillon. Hercule, assis, tenant l'Etendard de la France et appuyé sur son Bouclier où sont gravées les Armes du Maréchal Comte de Saxe, reçoit pour le Roy, la Ville de Maestreicht, sous la Figure d'une femme qui lui est présentée par Mercure. Ce Messager du Souverain des Dieux montre à Hercule, avec son Caducée, les Clefs de cette Ville qu'on lui présente, et lui fait voir en même-tems une branche d'Olivier, simbole de la Paix qui doit suivre la reduction volontaire de cette importante Place, laquelle ne fut livrée à Sa Majesté que comme un ôtage des Préliminaires signés. On lit cette Légende: HIS CLAVIBUS JANI ÆDES OCCLUDETUR. *C'est-à-dire: Ces mêmes Clefs vont fermer le Temple de Janus. A l'Exergue* AN. M D CCXLVIII. Mai. VII.

LA RÉPUBLIQUE DE GÉNES SECOURUË PAR LE ROY.

Les Génois, opprimés par la Reine de Hongrie,[a] prirent enfin la généreuse résolution, le 5. de Decembre 1746,[b] de se couer le joug de sa domination. Cette Princesse, dans la résolution d'en tirer une vengeance éclatante, fit investir la Ville de Génes, au commencement d'Avril 1747, par le Comte de Schullembourg, pendant que les Anglois, avec leurs Flottes, la bloquoient du côté de la mer. Dans cette extrémité, tout se dévoüa pour le salut de la Patrie et pour la Liberté. Mais le Roy, qui veilloit à la conservation de ses Alliés, ayant envoyé le Duc de Boufflers, pour commander les Troupes destinées à la deffense de Génes, les Autrichiens, malgré tous leurs efforts, firent peu de progrés, et ils furent obligés d'en lever le siege, le 3.de Juillet, pour aller au secours du Roy de Sardaigne, menacé d'une invasion dans ses Etats. Le Duc de Boufflers, qui étoit mort la veille, n'eût pas le bonheur de joüir du fruit de ses glorieux travaux. Après lui, le Marquis de Bisse aporta toutes ses attentions à mettre l'Etat de Génes hors d'insulte, et termina la guerre de l'Isle de Corse, où le Comte de Choiseul défit les Rebelles et les dissipa. Le commandement ayant été donné ensuite au Duc de Richelieu, ce Seigneur, toujours actif et zelé pour la gloire du Roy et pour le salut de la République que Sa Majesté lui avoit confié, employa d'abord tous ses soins à rendre la Capitale en état de ne rien craindre de la part des ennemis, et à s'opposer à toutes les tentatives qu'ils pouroient faire sur le territoire de Génes. En vain le Comte de Browne voulut, au mois de Fevrier 1748, s'emparer de Voltry; il en fût repoussé avec perte. Le Roy de Sardaigne ne fut pas plus heureux dans la diversion qu'il avoit voulû faire en Corse. Enfin, les Autrichiens ayant cher= ché, au mois de Juin, à se rendre maîtres de quelques postes sur les hauteurs de Chiavary, loin d'y réussir, ils y per= dirent plus de 2000. hommes. Ce fut la dernière de leurs entreprises, car le jour-même que cette action se passa, le Comte de Browne fit sçavoir au Duc de Richelieu, qu'il avoit reçû ordre de sa Cour de cesser tous actes d'hostilité en Italie. Ainsi cette Illustre République, qui devoit sa conservation à son propre courage et à tous les secours que le Roy lui avoit donnés, vit à la fin le calme succéder aux orages qui la menaçoient de sa perte. Le Senat, vou= lant temoigner sa reconnoissance au Duc de Richelieu, (comme il avoit déja fait à la glorieuse mémoire du Duc de Boufflers) le déclara dans un Conseil, tenu le 17. d'octobre 1748, NOBLE GÉNOIS, aussi bien que le Duc d'Agenois et leurs descendans. Il ordonna de plus, qu'on érigeroit une Statuë de marbre au Duc de Richelieu, qui seroit placée dans le Grand Salon du Palais. La nouvelle qui arriva ce jour-là, que le Roy, toujours attentif à récompenser les services, l'avoit fait Maréchal de France, acheva de mettre le comble à tant d'honneurs, si justement meritée.

Voila le sujet du Médaillon. La République de Génes, y est representée sous la figure d'une femme, armée et couronnée de Laurier, assise sur des Trophées d'Armes, dans le Temple de l'Honneur. Elle tient un poignard levé d'une main, marque du courage avec lequel elle a d'abord secoüé le joug des ennemis qui la vouloient opprimer; et de l'autre main elle s'apuye sur le Bouclier de la France, montrant en même tems le simbole de la Liberté, designé par un Chapeau, ce qui caractérise, tout à la fois, la fermeté de cette République et les secours qu'elle a reçûs du Roy. Sur le devant est le Tibre, caractérisé par ses attributs et la Louve qui allaite Rémus et Romulus. Ce Fleuve paroit étonné de la valeur et de la generosité avec la quelle la République de Génes a deffendu sa Liberté, et s'est montrée de nos jours, l'Emule de l'ancienne Rome dans ses tems les plus orageux. Il semble s'entretenir de ce grand évenement avec la Déesse de l'Immortalité, qui lui fait voir qu'elle le consacre au Temple de Memoire, pour en éterniser la Gloire et le Souvenir. On voit dans le fond les Armoiries du Duc de Boufflers et du Maréchal-Duc de Richelieu, environ= nées de Guirlandes de Lauriers, qui désignent les services qu'ils ont rendus à la République, à qui leurs Noms seront toujours chers et les glorieuses recompenses dont elle les à honorés. Dans le Bouclier de l'Immortalité est cette Inscription: INDE SALUS NOBIS UNDE OLIM ROMÆ EXITIUM IMPENDIT. C'est-à-dire: Cette même Nation qui mit autrefois Rome à deux doigts de sa rui= ne est celle qui empeche aujourd'hui la nôtre. On lit cette Legende: QUID NON MORTALIA PECTORA COGIT LIBERTATIS AMOR? C'est-à-dire: De quoi l'amour de la liberté ne rend-il pas les humains capables? A l'Epoque AN.M.DCCXLVIII.

(a) La Ville de Génes s'étoit soûmise à cette Princesse, le 6.de Septembre 1746.
(b) C'est dans ce jour que Batista Agereto, dont le Nom merite d'être transmis à la Posterité, donna lieu par son exemple, au soulevement de la Ville de Génes. Ce courageux Citoyen ayant été frapé d'un coup de Canne par l'Officier Allemand qui commandoit à ceux du peuple Génois qu'on forçoit de tirer les Canons à S.t Pierre d'Arena, il s'y vengea sur le champ par le mort de cet Officier. Cette action de vigueur de la part d'Agereto et le signal de la révolu= tion générale. Le brave Genois fut élû par le peuple pour le commander, et après plusieurs combats, l'action générale, où les Autrichiens furent entierement chassés de Génes, se passa le 10.de Decembre. Au vaillant Agereto, ont succedé le Chevalier Cannevaro, et le fameux Barberousse, tous deux morts commandant le peu= ple avec succès, et signalant leur zele pour leur Patrie.

LA PAIX GÉNÉRALE CONCLUË A AIX-LA-CHAPELLE.

Le Roy, qui, pendant le cours de ses conquêtes, n'avoit cessé d'offrir la Paix à ses enne = mis, loin de vouloir conserver ce qu'Il avoit conquis et de profiter du début triomphant que l'ou = verture de la Campagne de 1748, devoit lui faire concevoir; ne se lassoit point de réïterer les mê = mes offres. Accablés sous le poids de ses armes victorieuses, ils demanderent enfin à leur vain = queur, quelles étoient les conditions qu'il vouloit leur accorder. *Sa Majesté* leur fit repondre, que c'étoient les mêmes qu'*Elle* leur avoit toujours proposées. Qu'*Elle* ne vouloit rien pour *Elle*, mais qu'*Elle* exigeoit qu'on rendit justice à tous ses Alliés. Un procedé si grand, si généreux, les désarma tous. Ils signerent avec empressement les *Préliminaires* qu'on leur présenta. Alors, le *Roy* pressa lui-même la conclusion de la *Paix-générale*. Elle fut concluë à *Aix-la-Cha* = pelle, le 18. d'Octobre, par les *Ambassadeurs* de *Sa Majesté*, et par ceux du *Roy* de la *Grande-Bretagne* et des *Etats-Généraux*. Le *Roy d'Espagne*, l'*Imperatrice, Reine de Hon* = grie et de *Bohême*, le *Roy de Sardaigne*, la *République de Génes* et le *Duc de Modene*, y accederent ensuite.

Voilà le sujet du *Médaillon*. *Jupiter*, entre les bras duquel la *Paix* s'étoit refugiée au commencement de la guerre, comme il est exprimé dans le second *Médaillon*, est representé ici dans le sein de sa gloire, qui renvoye la *Paix* sur la Terre. Proche de *Jupiter* on voit *Minerve*, portant pour *Egide* le *Bouclier de la France*, qui la foudre à la main précipite la *Guerre* au fond des *Enfers*. Du côté opposé est la *Gloire*, qui place dans le Ciel la *Couronne du Roy*, comme une nouvelle *Constellation*; et pour marquer que le souvenir des sacrifices magnanimes que ce *Prince* a fait pour donner la *Paix* à l'*Europe* ne sortira jamais de la mémoire des hommes et sera immortel, elle tient de l'autre main un *Serpent* qui se mord la queüe, simbole de l'*Eternité*. Au dessous du groupe de *Jupiter*, de *Minerve* et de la *Gloire*, on remarque la *Paix* qui descend de l'*Olimpe*, pour ramener sur la terre la tranquillité et les douceurs qui l'accompagnent toujours. Elle présente d'une main un rameau d'Oli = vier, qui caractérise son heureux retour; et de l'autre elle s'apuye sur une *Corne d'abondance*, image de tous les biens qu'elle procure aux hommes. *Cybele* est representée sur le devant du *Médaillon* tendant les bras à la *Paix*, et lui marquant le plaisir et les transports de joye que sa présence lui cause. Auprès de cette *Déesse* est *Neptune* sortant de la *Mer*, qui court au devant de la *Paix* avec le même amour et le même empressement. Ces *Divinités* caractérisent la satisfaction des Puis = sances qui faisoient la guerre par mer et par terre. Le milieu est occupé par un *Autel*, sur lequel sont gravées les *Armes de la Ville d'Aix-la-Chapelle*, où la *Paix* fut signée, et dans le Ciel on voit le signe de la *Balance* où le *Soleil* se trouvoit pour lors. On lit cette *Légende*: ARMORUM GLORIÂ INSIGNIS, DATÂ PACE INSIGNIOR. C'est-à-dire: Déja illustre par ses tri = omphes, LOUIS l'est plus encore par la paix qu'il accorde à ses ennemis. A l'*Exergue*: An.M.DCCXLVIII.OCt.XVIII.

43

LA PUBLICATION DE LA PAIX ET LES RÉJOUISSANCES
FAITES A PARIS, A CETTE OCCASION.

LE ROY ayant fait la Paix, plus touché du désir de soulager la France et des sentimens d'humanité pour tous les peuples, que de la vaine gloire de conserver des Conquêtes inutiles à sa grandeur, le premier soin de *Sa Majesté* fut de rendre à Dieu de sin-
ceres actions de graces, de la tranquillité parfaite qu'il avoit bien voulu accorder à ses
Sujets. En conséquence, la publication de la Paix se fit à Paris, le 12 de Fevrier 1749, dans
les principales Places de cette Capitale, aux acclamations publiques, avec les cérémoni-
es ordinaires. Le Te Deum fut chanté le lendemain (13) dans l'Eglise Métropolitaine
de Nôtre-Dame, en action de graces de la Paix. Le Soir, on tira, dans la Place de l'Hôtel de
Ville, un superbe feu d'Artifice. Toutes les maisons de Paris furent illuminées et l'on avoit
dressé, dans tous ses différens Quartiers, des Estrades remplies de Musiciens, avec des
Buffets, pour distribuer des vivres au peuple, à qui on faisoit couler en même tems des
Fontaines de vin en abondance.

Voila le sujet du Médaillon. On voit la Ville de Paris, sous la figure d'une femme assise à l'entrée de son Palais, écoutant Mercure qui publie la
Paix, et qui montre, avec son Caducée, le Temple de Janus, que le Roy, comme un nouvel Auguste, vient si glorieusement de fermer. La Ville de
Paris témoigne, par son expression, toute sa joye et toute sa reconnoissance. Elle montre dans le fond la Statue de la Paix, appuyée sur
une Lance et présentant une branche d'Olivier, Types, qui caractérisent que le Roy par sa valeur a forcé ses ennemis d'accepter la Paix,
et que ce Succès la donnée à l'Europe. Dans le lointain on remarque les peuples, autour de cette Statue, qui dansent et se réjouissent de
l'heureuse tranquillité que les soins généreux de Sa Majesté leur procurent. A côté de la Ville de Paris est un Génie, ayant auprès de lui un
Gouvernail, où sont gravées les Armes du Duc de Gesvres. Ce Génie (qui désigne le Gouverneur de cette Capitale, qui voit et ordonne les Festes
publiques) montre d'une main Mercure publiant la paix, et il invite de l'autre, avec cette affabilité, cette bonté et cette générosité qui sont si na-
turelles à l'Illustre Seigneur qu'il caractérise, les Génies des Beaux-Arts et des Sciences, à venir prendre part à la gloire du Roy et au bonheur
public. Sur le devant on voit la Seine appuyée sur son Urne, d'où avec l'eau sortent des fruits et des fleurs, simboles de la bondance et
des douceurs que cette riviere procure aux habitans de Paris, dont elle semble partager la joye. Du côté opposé est un Amour, caractérisant la
tendresse paternelle du Roy pour ses sujets, qui s'empresse de mettre le feu à des Amas d'Armes, pour éteindre, s'il le peut, la memoire des
malheurs que la guerre entraine nécessairement avec elle. On lit cette Légende: REGIA CIVITAS, REGIA FRUERE BENEFICEN =
TIA. C'est-à-dire: Jouissés ô Ville Royale des biens que vous procure la tendresse de vôtre Roy. A l'Exergue:
An. MDCCXLIX. Feb. XII. et XIII.

44

LA NAISSANCE DE MONSEIGNEUR LE DUC DE BOURGOGNE.

Le Roy, après avoir donné la Paix à l'Europe, n'avoit plus rien à souhaiter, qu'un nouveau soutien, nécessaire à l'affermissement de sa Maison et au bonheur de ses peuples. Le Ciel vient de combler ses vœux, par la Naissance de *Monseigneur le Duc de Bourgogne*. Madame la Dauphine, Marie-Josephine de *SAXE*, est accouchée de ce Prince, à Versailles, le 13. de Septembre 1751. à une heure 36. minutes du matin. Les prémiers soins du Roy furent de remercier le Tout-puissant, de ce Don précieux. Sa Majesté vint le 19. à Paris, (accompagnée de la Reine, de Monseigneur le Dauphin, de Mesdames de France, des Princes et des Princesses du Sang,) assister au Te Deum, qui fut chanté solemnellement dans l'Eglise de Notre-Dame, en action de graces de ce bienfait divin, qui à répandu la joye dans tous les cœurs, assûré la tranquillité du Royaume, et mis le comble à la gloire et à la satisfaction dont il joüit, par les soins paternels de Sa Majesté.

Voila le sujet du Médaillon. Madame la Dauphine, l'Amour et le Dieu de l'Hymenée, en forment le principal groupe. Cette Princesse y est représentée avec un visage satisfait, quoiqu'un peu altéré par la douleur. Elle regarde d'un air passionné le Dieu de l'Hymenée, à qui elle montre le Prince, qu'elle vient de mettre au jour. Ce Dieu y répond par un souris de complaisance. La Princesse est appuyée sur une Corne d'Abondance, simbole des avantages que promet sa fécondité, dont la France a déjà reçu les heureuses prémices, le 26. d'Août 1750. par la Naissance de Madame. L'Amour, toujours attentif à faire le bonheur de Madame la Dauphine, lui baise la main avec tendresse. L'idée de ce groupe est de représenter la satisfaction de cette Princesse et celle de Monseigneur le Dauphin, auquel on a voulu en particulier exprimer les véritables sentimens pour son Auguste Epouse, dans les Portraits de l'Hymen et de l'Amour. Le second groupe est composé de la France et des Graces. La France tient le petit Prince, qu'elle regarde tendrement, et elle le remet entre les mains des Graces pour l'élever. Ces Divinités lui tendent les bras et lui présentent le soin. On remarque dans le fond une riche Architecture, décorée de Trophées d'Armes, qui désignent les Triomphes du Roy. On voit dans le Ciel le Signe de la Vierge, ou d'Astrée, où le Soleil étoit lorsque Monseigneur le Duc de Bourgogne est né. Signe heureux et bienfaisant, qui nous fait connoître que le repos dont l'Europe est redevable à la sagesse de Sa Majesté, se trouve justement recompensé, par l'heureuse naissance d'un Prince, qui porte le bonheur de la France à son plus haut degré. On lit cette Légende. CRESCERE BORBONIAM SOBOLEM TOTI EXPEDIT ORBI. C'est-à-dire:

Que le sang des BOURBONS s'accroisse et se propage;
C'est de tout l'Univers le commun avantage.

A l'Exergue: An. M.DCCLI. Sept. XIII. hor. I. mat. I. cum XXXVI. min.

CONCLUSION DE L'HISTOIRE DES CAMPAGNES DU ROY.

La Postérité aura peine à croire que le Roy n'ait entrepris la guerre, que pour procurer une Paix générale, qu'Il n'ait conquis, en quatre Campagnes, des Provinces entieres, et n'ait vaincu en personne, dans deux batailles rangées, ses ennemis et leurs Alliés, que pour donner ensuite à l'Univers un exemple éclatant de sa Clémence et de sa modération. Quelles circonstances ont jamais été plus brillantes pour un Prince, qui pouvoit préférer le Nom de Conquérant, à celui de JUSTE et de PACIFIQUE, si la magnanimité de son cœur, n'avoit pas mis les vûës de l'Ambition au dessous du désir généreux de pacifier l'Europe et d'en rendre tous les peuples heureux. Mais ce sage et invincible Monarque a regardé la Paix comme le plus beau de ses Triomphes, et à préféré la gloire de la donner au monde, à celle de le conquérir.

Voila le sujet du Médaillon. Minerve y paroît sur un nuage, foulant à ses pieds l'Envie, la Discorde et la Guerre, representées sous une même figure. Cette Déesse présente le Portrait du Roy, qu'elle consacre au Temple de la Gloire, entre ceux de Loüis XII et d'Henry IV. Ce qui caractérise que cet Auguste Prince réünit en lui toute la Bonté de Loüis XII. dit le Pere du Peuple et toute la Valeur du Grand-Henry. On voit Mars, sur le devant, assis sur des Trophées d'Armes, tenant d'une main une Palme et de l'autre une Couronne de Laurier: Types qui désignent, tout à la fois, la valeur indomptable de la Nation Françoise, les Triomphes du Roy, et les récompenses que ses Guerriers en ont reçües. Du côté opposé on remarque l'Histoire qui écrit la vie du Roy. Un Amour est proche d'elle qui lui fournit ses pinceaux, et lui montrant le Portrait de Sa Majesté entre les bras de Minerve, il désigne par-là à l'Histoire, que l'amour que ses vertus héroïques inspirent à tous les hommes, doit l'engager à les transmettre toutes à l'Immortalité. Autour du Portrait est cette, inscription: LUDOVICUS XV. REX INTER CÆTEROS BENEFICENTISSIMUS. C'est-à-dire: LOUIS QUINZIEME, distingué parmi les Rois par les bienfaits qu'il répand sur l'Univers. On lit cette Legende: HIC UT ILLA PRÆSTAT ARMIS ET PRUDENTIA. C'est-à-dire: Il est sage et brave comme elle.

FIN.

Le zéle, le respect et l'amour m'ont suggeré cet Ouvrage. Je sçais que les Actions éclatantes du beau Regne du Roy, doivent passer par de plus sçavantes mains, mais, en attendant, j'ai crû que l'on pardonneroit aux motifs qui me l'ont fait entreprendre, ce foible crayon de l'Histoire héroïque des Campagnes de Sa Majesté. Le bonheur d'être né son sujet, le désir passionné que j'ai toujours eû de lui consacrer des marques de mon zéle, de mon profond respect et de ma vénération, m'en ont fait naître l'idée. Je connois toute la grandeur et la sublimité de mon objet, et je connois aussi en même tems toute la foiblesse de mon pinceau: cependant j'ose espérer, qu'on me pardonnera les fautes que j'ai pû faire dans cet Ouvrage, en faveur des sentimens qui me l'ont dicté.

TABLE
DES MEDAILLONS QUI COMPOSENT L'HISTOIRE DES CAMPAGNES DU ROY.

FIN.